한 옛날에 …

Claudius
ONCE UPON A TIME
Political fables
© World Council of Churches, Geneva 1983

Translated by Hyun-Ju Lee
© Benedict Press, Waegwan, Korea 1986

한 옛날에 …
1986년 3월 초판 | 2007년 2월 6쇄
옮긴이 · 이현주 | 펴낸이 · 이형우
ⓒ 분도출판사
등록 · 1962년 5월 7일 라15호
718-806 경북 칠곡군 왜관읍 왜관리 134의 1
왜관 본사 · 전화 054-970-2400 · 팩스 054-971-0179
서울 지사 · 전화 02-2266-3605 · 팩스 02-2271-3605
www.bundobook.co.kr
ISBN 89-419-8606-0 04350
값 7,000원

클라우디우스

한 옛날에 …

이 현주 옮김

분 도 출 판 사

늑대와 양

한 옛날에 …

아주 교활한 늑대 한 마리 있어
특별히 양고기를 좋아했는데,

양이란 놈이 본디
연약한 짐승이긴 하지만
그래도 사냥을 하려면
좀 성가신 일인지라,

이 문제에 대하여 오래 숙고한 끝에 …

… 좋은 꾀 하나 떠올랐것다.

어느 날 밤
양떼를 습격하여
양새끼 한 마리
훔쳐 낸 다음,

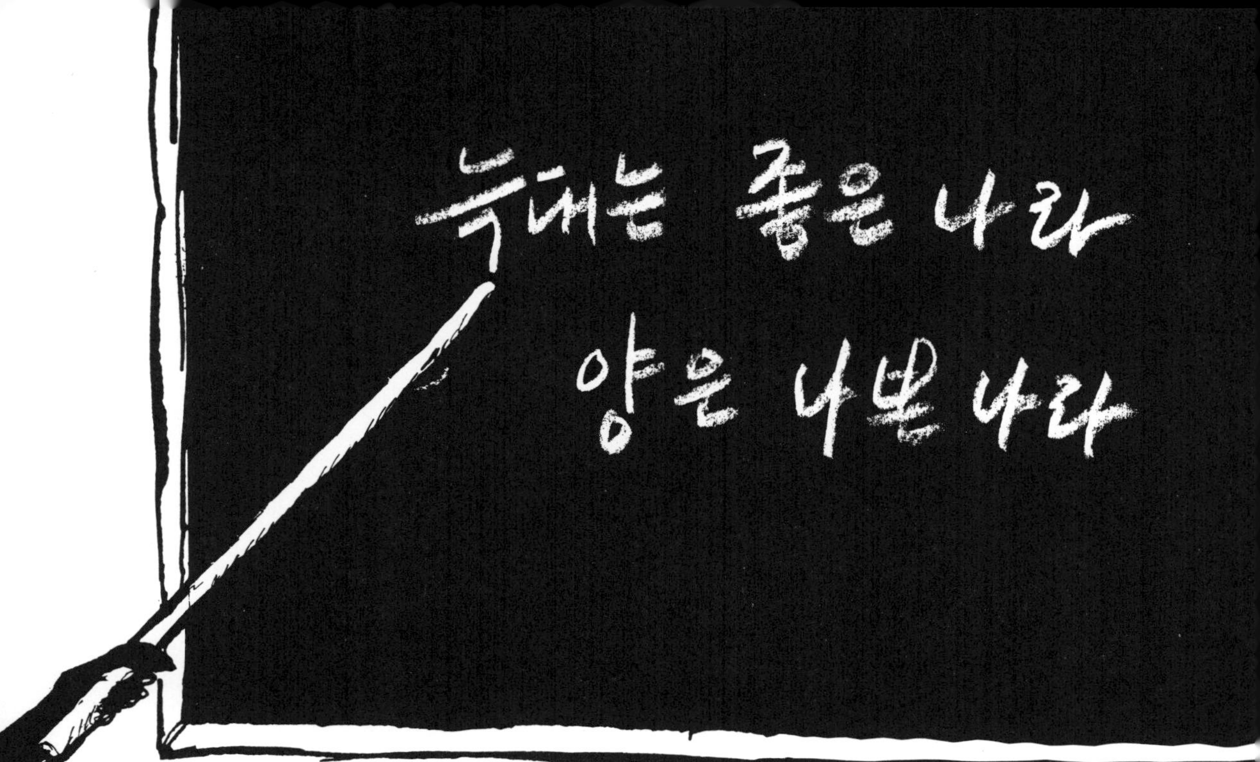

설득하고 윽박지르고
세뇌공작도 하여
양새끼로 하여금 마침내
제가 늑대인 줄로 알게 하였다.

이론적인 학습에 곁들여
저보다 작은 짐승들
사냥하는 법을 실제로
훈련시켰다.

맹훈련이 끝나자
다른 양을 사냥해 오라는
첫번째 사명을 띠고 드디어
양새끼는 장도에 올랐다.

이제 늑대는 배가 고파도
성가시게 사냥을 할 필요가
없어졌다. 모든 일은
훈련받은 대리자가
훌륭하게 처리할 터인즉.

양새끼가 돌아오자 다른 양들은
그의 몸에서 나는 늑대 냄새에 놀랐지만
목동은 아무것도 눈치채지 못했다.

밤이 왔다 …

모두들 잠이 들었는데 유독 한 놈만이 …

새벽녘,
훈련받은 전사께서는
양 한 마리를 나꿔채 가지고
아무도 모르게 도망쳤다.

늑대는 작전이 성공해서
지극히 행복한 마음으로
노획물을 잡수셨다.

그러나 한 가지,
그가 미처 모르는 게 있었으니,
그의 양이 피맛을 보았고 …

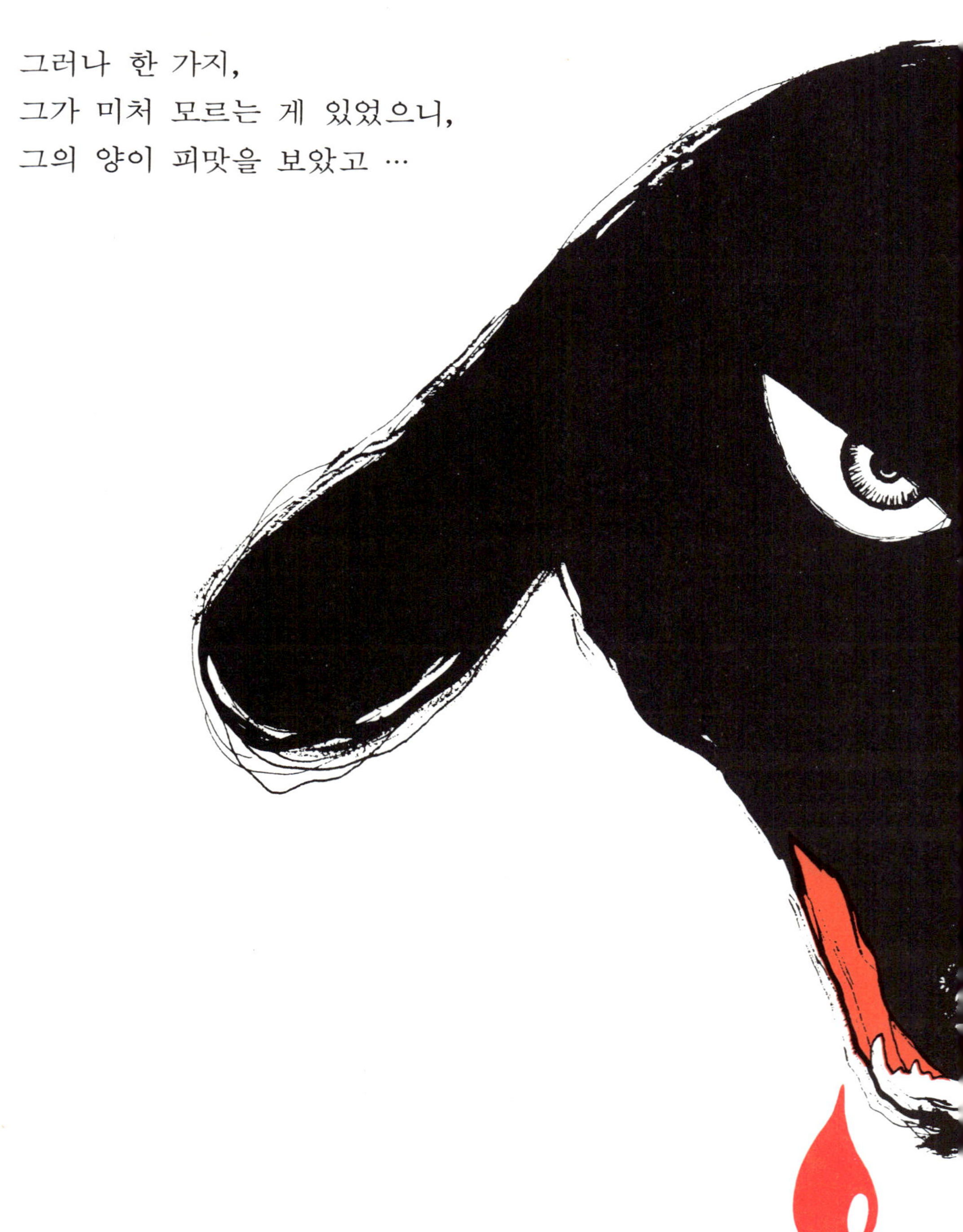

… 또 그것을 좋아하게 되었다는 사실이다.

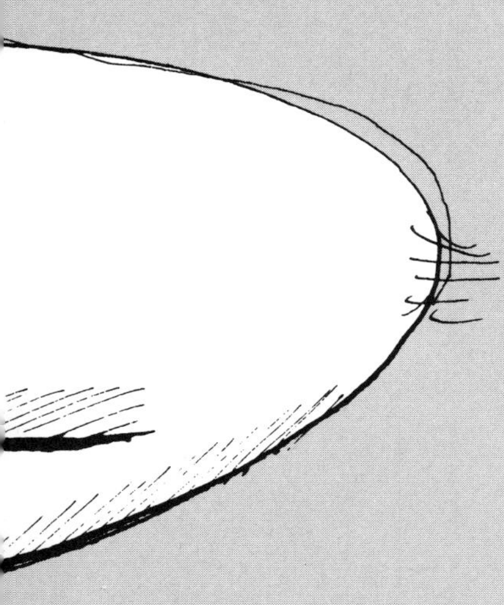

왕
(객관적 현실과 주관적 현실)

한 옛날에 …

사자가 숲을 다스리고 있었는데,
뭇 짐승의 왕으로서 그가 내세운 슬로건인즉슨
"어떤 일이 있어도 평화를 ! "이었다.
자기 영토 안에서 의견이 서로 갈린다거나
정치적인 토론 따위가 벌어진다는 건
도무지 참을 수 없는 일이었다.

그러나
서로 다른 짐승들이
어울려 살면서
어떻게 그 의견이
다르지 않을 수
있으랴 !

사자는 한동안, 각색 짐승 대표로 의회를 구성토록 관용을
베풀었는데, 이것들이 모이면 중구난방 시끄럽기만 하고
도무지 결론을 못 내리는 데다가, 어쩌다 내린 결정이라는 것도
왕의 마음에 드는 법이 없어 마침내 의회를 해산시켜 버렸다.

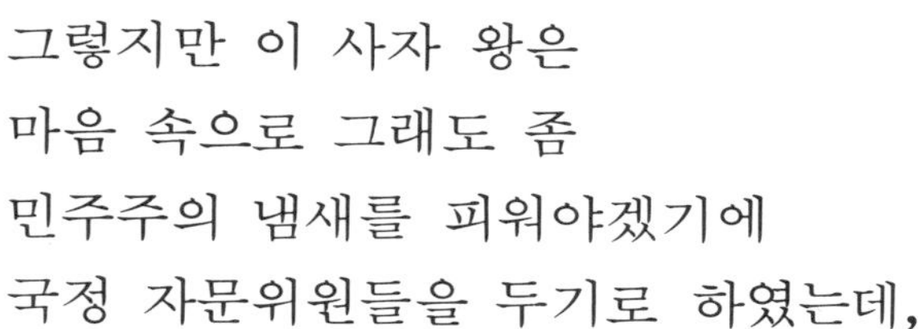

그렇지만 이 사자 왕은
마음 속으로 그래도 좀
민주주의 냄새를 피워야겠기에
국정 자문위원들을 두기로 하였는데,

어렵쇼, 정치 자문위원 하는 말씀이
사회 자문위원 하는 말씀과 다르고
경제 자문위원의 말씀인즉
정치 자문위원의 말씀이나
사회 자문위원의 말씀과 또 달랐다.
그들의 자문을 조화시킬 수가 없는지라
결국 왕께서는 그들을 파면시켜 버렸다.

사자 왕은
많이 생각한 끝에,
자기에게 필요한 것은
고급 기술직 관리라는
결론을 내렸것다.

옳거니, 이제야 모두 같은 말을 하는구나.

그들은 같은 말을
할 뿐만 아니라
한결같이
새로운 기계장치를
설치하고 싶어했다 …

… 컴퓨터 같은.

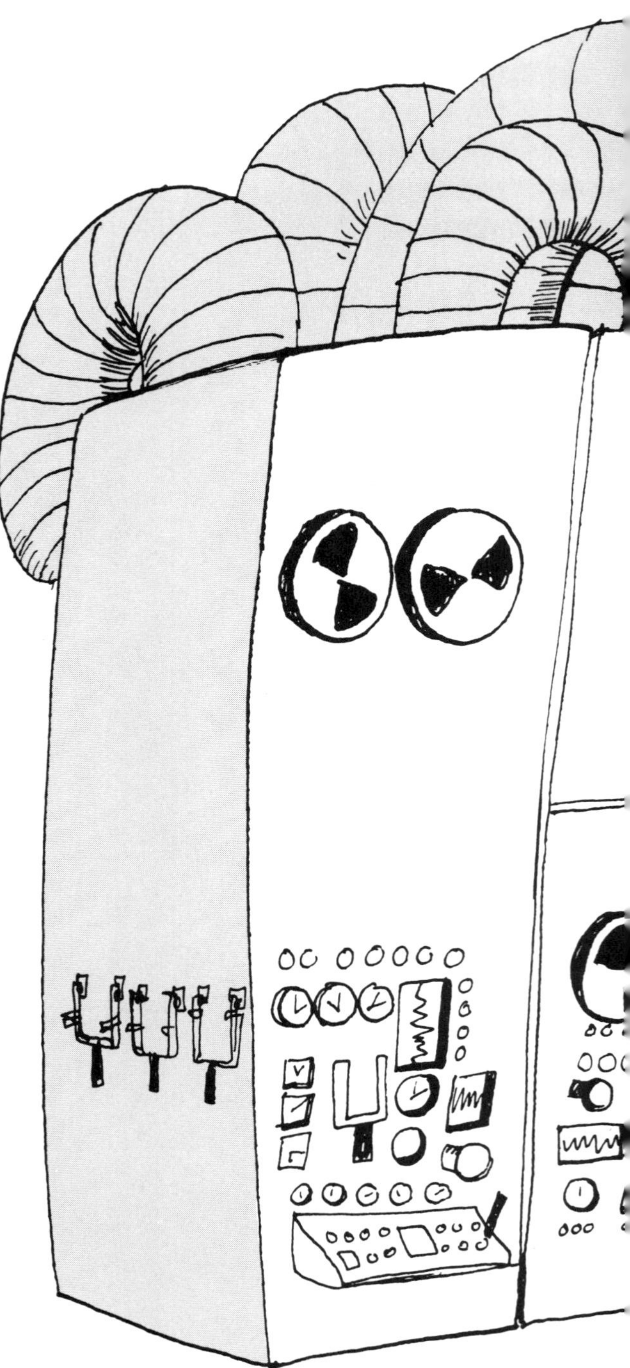

기술직 관리들과 컴퓨터는
이내 행복한 사이가 되었으니,
기술직 관리들은 나름대로
시스템 운영에 훈련이 잘
돼 있고, 물론 컴퓨터 역시
그들이 얻고자 하는 대답을
정확하게 제공하도록
만들어졌기 때문이다.

하여, 기술직 관리들은
왕이 원하는 모델을
컴퓨터에 입력하기 시작했다.
숲속의 모든 정보와 자료가
왕의 프로그램에 적용되었다.

왕이 원하는 대답들이
정확하게 기재된
분명하고 산뜻하고
적극적이고 믿음직한
출력 테입〔印字回答〕이
줄줄이 나왔다.

왕은 물론 더없이 좋아했다.
마음 깊이 숨어 있던 모든 의혹이 차츰차츰 사라져 갔다.

그에게 있어서 기술직 관리들의 컴퓨터는
마법의 거울이었다.

그래서 컴퓨터의 말이라면
무조건 믿게 되었으니,

지엔피(GNP)는 미증유의 성장을 기록하고 있었고
통화팽창은 의심할 바 없었고 왕은 아름다웠고 그리고,
내일은 눈부셨다.

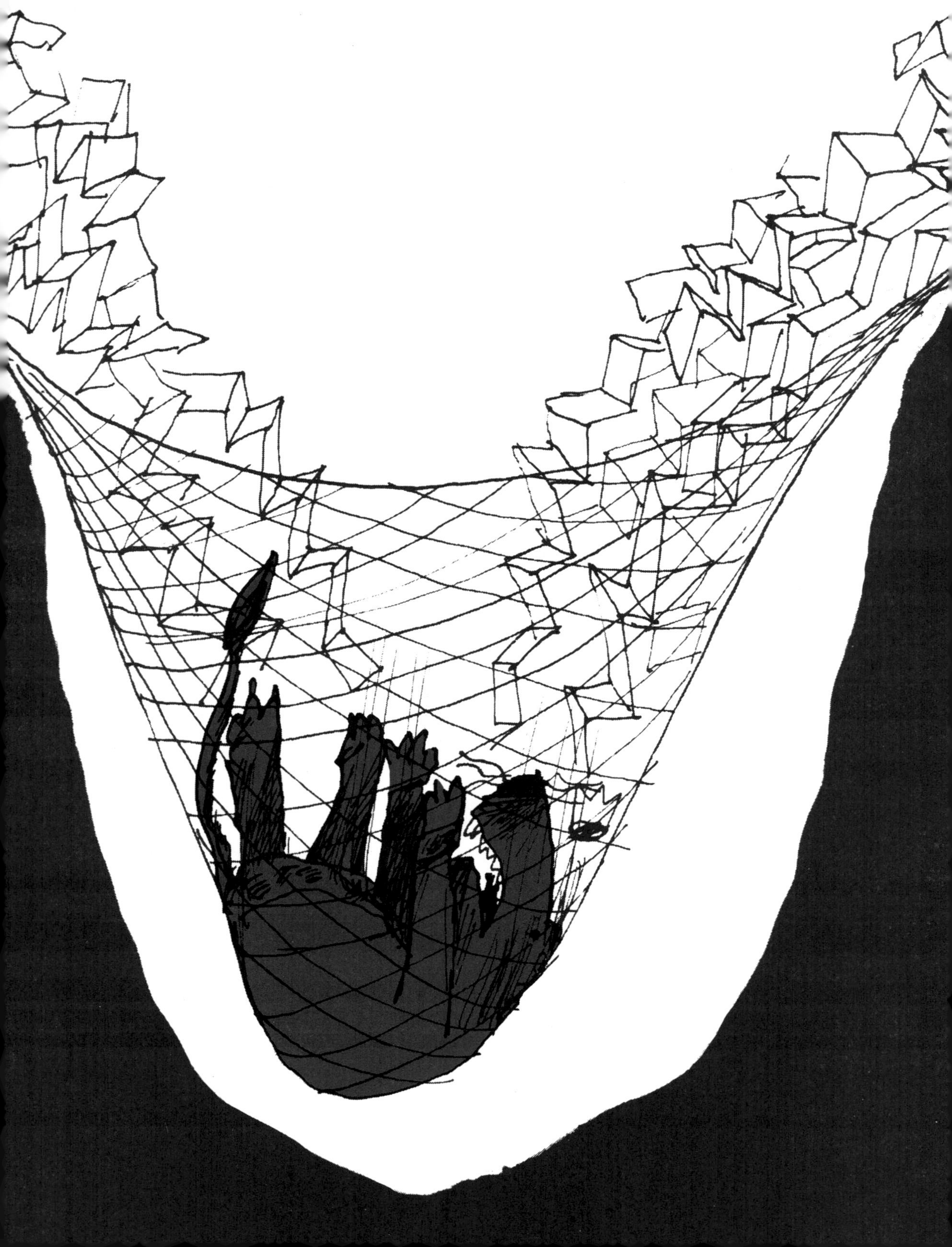

그런데
사소한 문제가 하나 있었다.
기술직 관리들의 컴퓨터에서
내놓는 정보라는 것들이
곤란하고 난처한 상황에 대해서는
거의 속수무책인지라,
그리하여 어느날 왕은
그의 완벽하게 안전한 숲속을
산보하다가 그만 ....

발 전

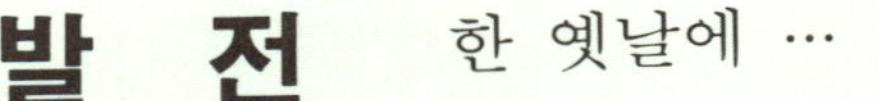

한 옛날에 …

열대지방 어느 곳에 작은 마을이 하나 있었다.

발 전

(“가난한 나라” 또는 “저개발국” 또는 “개발도상국”이라고들
부르는 곳이었다.)

이 마을에서는 주민들에게 필요한 것들이 모두 생산되었다.
흐르는 세월에 묻혀 마을 사람들은 모두 행복하게들 살았다.

그런데 어느 날 …

.... 어느 날 한 꼬마 녀석이
아버지와 어머니에게 질문을 했는데,
"왜 우리는 **발전**이 없어요?"

대답할 말이 없다는 사실을 부모들은 인정할 수밖에 없었다.

그들은 도서관에서
책을 뒤져 보기도 하고

사람들에게 물어 보기도 했지만

친척, 친구, 이웃 사람들 …… 그 누구도 대답하지 못했다.
마침내 그들은 시민회관에서 이 문제를 위한 특별 집회를
갖기로 작정하였다.

모임이 있던 날,
이미 그 꼬마의 질문이 마을의 관심사가 된지라 모두들
시민회관에 모였다.

시장이 말했다.
"시민 여러분, 우리가 왜 여기 모였는지 잘 아실 것입니다.
저는 여러분을 대신하여 와이즈맨 박사님께
우리가 어떻게 하면
발전할 수 있는지를
물어 보았습니다."

수많은 장서를 소유하고 두꺼운 안경을 끼고 아무도 못 알아듣는
외국말을 하는 와이즈맨〔賢人〕 박사는 오랜 세월 그야말로
연구실에 묻혀 살아 온 반백의 멋쟁이였으니 어느 누구도
그의 권위를 의심할 까닭이 없었다.

　　마이크를 슬쩍 당긴 다음에 가라사대,
　　"발전을 이룩하기 위하여 우리는 선진국들을 본받아야
　　합니다. 발전이라는 것이 정확히 무엇인지에 관해서는
　　아직까지 아무도 알아내지 못했습니다만, 이 방면에 연구·
　　조사를 해 본 결과 나는 발전의 분명한 표징이 하나 있는바,
　　공해가 바로 그것임을 알아냈습니다."

사람들은 자기네 마을에 그 공해라는 것이
없다는 사실을 인정하였다. 하늘은 푸르고
공기는 맑고 물은 깨끗하기만 했다.
강에서는 마음놓고 낚시질과 수영을 할 수 있었고
농작물도 살충제 없이 재배했으며
가축들도 가공하지 않은 사료를 먹었다.
자동차가 필요한 사람도 없었고
그래서 자동차를 소유한 사람도 없었다.

딱하게도 그 마을에는
공해라는 걸 만들어낼 만한
요인이 하나도 없었다.

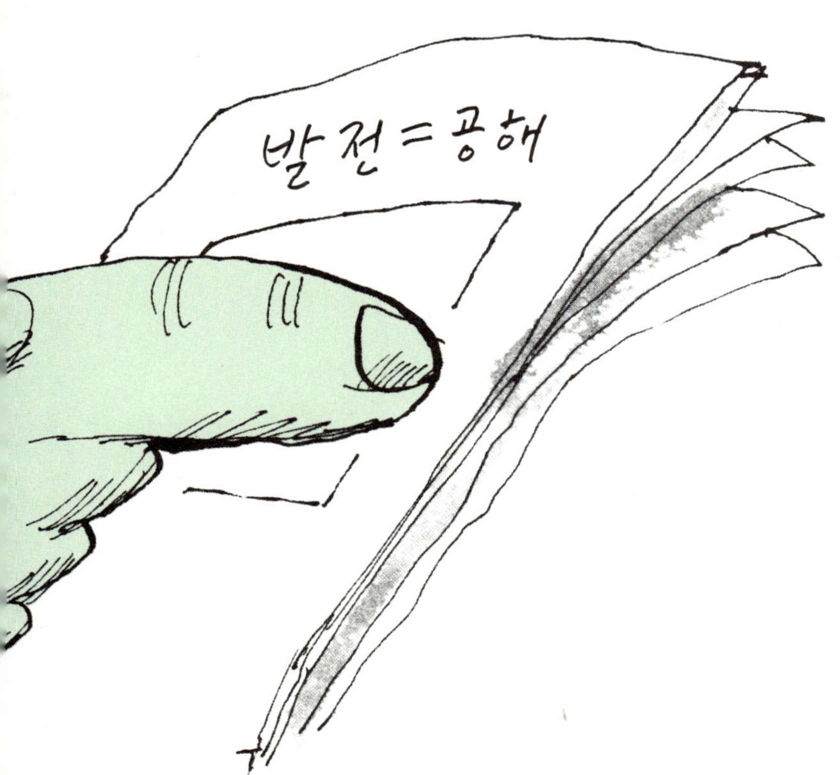

하는 수 없이 그들은 솔선수범하여
마을에 공해를 가져오는 일에 착수하였으니
오로지 **발전**을 위하여
데모도 하고 기금을 모으는 운동도 벌이고
세금도 걷고 증권 판매도 했다.

우리 함께
나아가자
공해 있는
내일로!
공해를 달라!

거대한 공장이 (막대한 면세 특혜를 받는 가운데) 세워지는데
모두가 **전자동**이었다.
(아니지, 공장주들은 자동이 아니니까 **거의** 전자동이었다.)

자동화된 현대식 공장들은 많은 상품과
더 많은 공해를 생산했다. 오래잖아
강에서는 고기가 살지 않게 되었고
사람들은 감히 수영을 하지 못하게 되었다.
식물은 시들었고
짐승도, 새들도, 그리고
곤충까지도 죽어갔다.

인종(人種)은 그것들보다 조금 더 견뎠지만 마침내 그들도
알려지지 않은 병에 걸려 씨가 말랐다.

그러나 그들은 행복하게 죽어 갔다. 발전에 있어서
그들은 세계 신기록을 수립했던 것이다.

메시지

한 옛날에 …

열대지방에 한 나라가 있었다.
다른 열대지방 나라들과 마찬가지로
이 나라 또한 아름다운 숲으로
덮여 있었다. 강물은 흘러 가고
꽃은 만발하고 새와 나비들과
온갖 짐승들이 번창했다.

이 나라 사람들은
먹고 마시며 노래하고 춤추고
남자 여자 사랑하기를 좋아하는
멋쟁이들이었는데,

역시 다른 열대지방 나라들과 마찬가지로
이 나라의 자연자원도 차츰 파괴되었다.
사정없는 벌채에다 토지 투기, 그리고
무한한 사유지 소유권에, 갈팡질팡하는
정부 시책까지 합세하여 자연을 죽였던 것이다.
한때 풍요했던 땅은 마침내 황폐한 사막이 되었다.

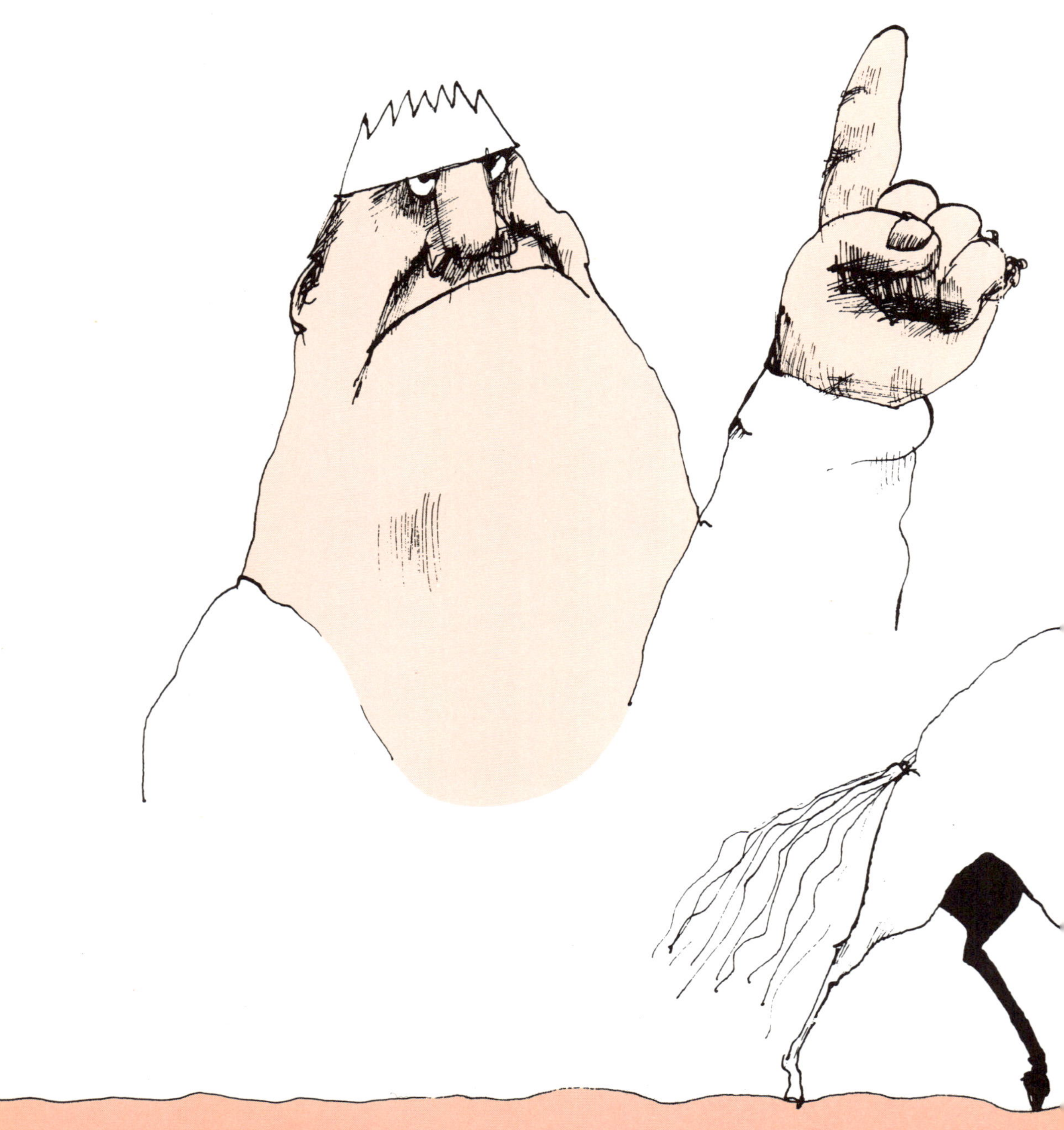

어느 날,
왕은 그 사막을 횡단하기로 작심했는데
측근들이 말렸다.
"폐하, 그것은 불가능합니다.
말을 타고는 사막을 횡단할 수가 없습니다."

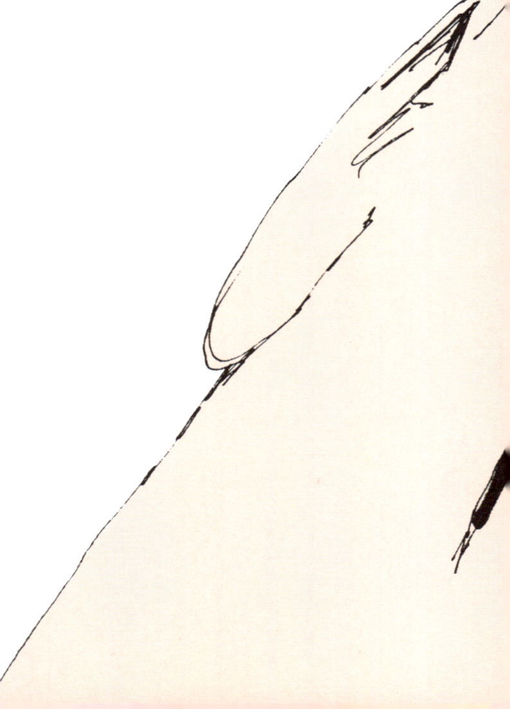

"무어 어째 ? 불가능하다고 ?
말이 사막을 횡단 못한다면 이제부터
사막이라 하지 않고 마당이라 하겠노라 ! "
이렇게 왕은 큰소리 쳤것다.

그들은 길을 떠났다.
그러나 왕이 마당이라고 선포했다 해서
사막이 마당으로 변할 리 있으랴!
마침내 말은
기진맥진 다 죽게 되었다.

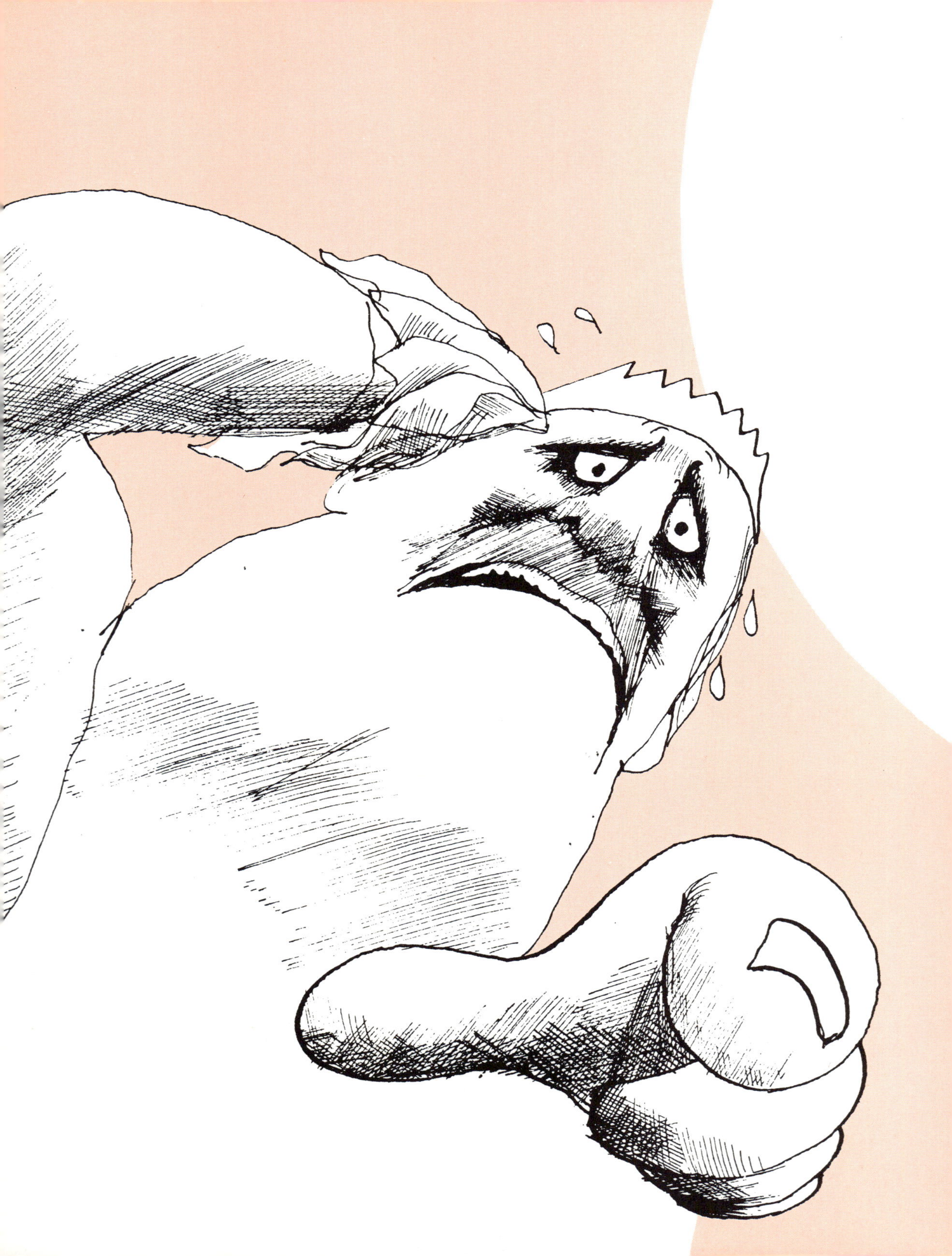

왕은 자기가 마당이라고 선포한 사막이
여전히 사막이라는 사실을 깨달았지만
그러나 포기하지 않았다.
그는 자기가 탄 말이
이제부터는 낙타라고 선포를 했다.

그러나 역시 소용없었다.

교훈

시나브로 망가뜨려 놓은 것을
어거지로 바로잡을 수는 없다.

사자와 생쥐

한 옛날에 …

사자 한 마리가 숲속을 어슬렁거리고 있는데
작은 생쥐가 톡 튀어 달아났다.
순전히 재미로, 사자는 꼬마 녀석을 움켜 잡았다.

생쥐가 울면서 애원하기를,
"각하! 제발, 저를 잡아먹지 마셔요!
저같이 작은 놈이 감히 각하의 적수도
될 수 없을 뿐더러 배부르게도 해 드릴
수 없지 않습니까? 게다가 혹시 누가
압니까? 제가 나중에라도 각하를 도와 드릴
기회가 있을는지."

평화

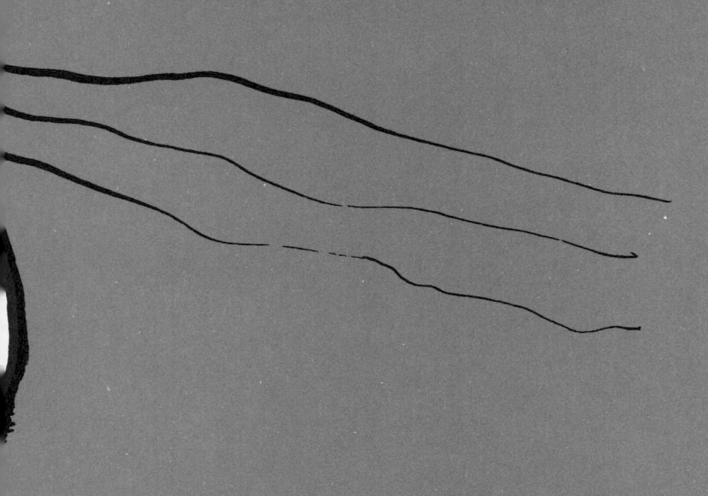

"이 숲의 왕인 나를 네가 돕는다구?"
사자는 껄껄 웃고는, **꿀꺽**!
꼬마 생쥐를 삼켜 버렸다.

사자는 산보를 계속하다가
아뿔싸, 올무에 걸리고 말았다.

뛰어 오르고 딩굴고 야단에다 법석을 칠수록
올무는 더욱 단단히 조여 들었다. 이윽고
사자는 기진맥진, 포기 상태에 이르러,

그제서야 자기가 목숨을
살려 줄 수 있었던
— 아니, 살려 줘야만 했던 —
작은 생쥐를 생각했다.

갑자기 웬 생쥐가 나타나더니 사자에게,
각하는 이제 생쥐들에게 사로잡힌 몸이라고 선언했다.

사자 말하기를,
"제발 성내지 말게. 이 평화로운 숲의 전통과 그리스도교 유산과
어떤 폭력도 줄기차게 거부해 온 우리의 노력과 윤리 원칙을
기억하게. 무엇보다도 우리는 모두 하느님의 피조물 아닌가?
생명을 지키는 일이야말로 매우 중요한 일이지."
(특히 **나의** 생명을, 하고 그는 생각했다.)

생쥐가 대답했다.
"또 그 소리! 참 그럴듯한 소리지만 이제 더는 그런 말에
넘어가지 않습니다. 평등과 정의 없이는 참된 평화가 없음을
깨달았거든요. 우리는 자유 선거를 요구합니다."

— "자유 선거? 모두가 투표하는?"
— "모두가 투표하는!"
— "새나 생쥐나 초식 동물도 ····?"
— "물론 그들도 모두 빠짐없이!"
— "그러면 육식 동물이 질 텐데."
— "그럴지도 모르지요. 그렇지만 지더라도
   민주주의 방식으로 질 것입니다, 각하!"

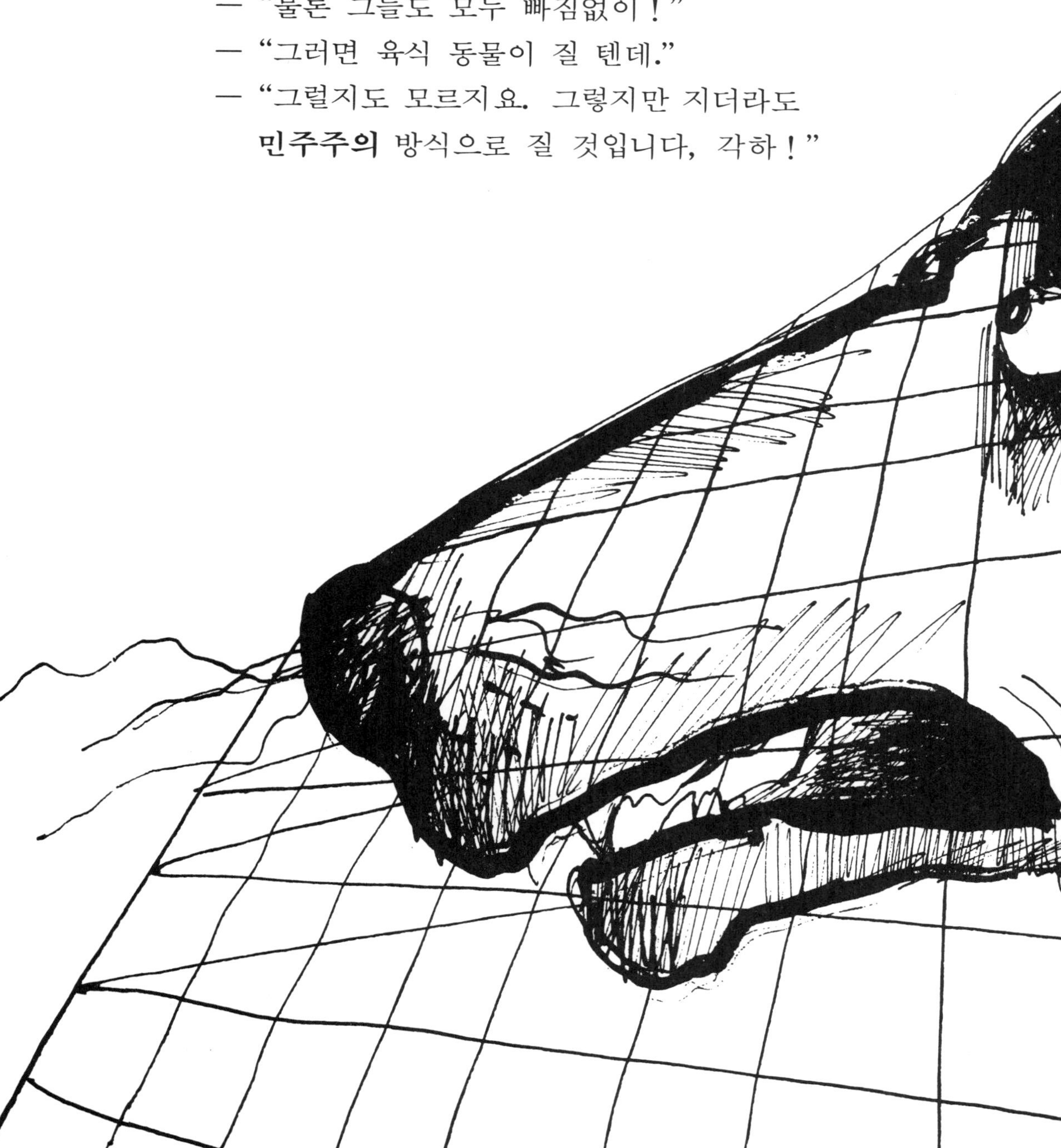

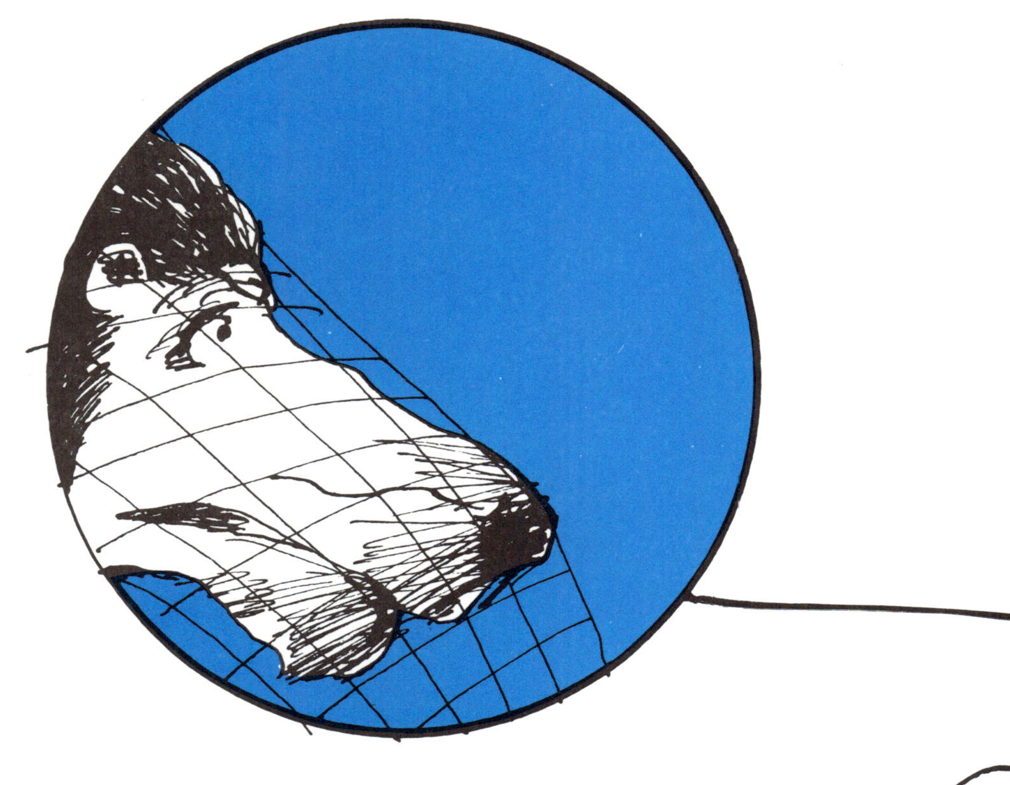

생쥐가 말을 계속했다.
"물론 여기에 동의하지 않는다면
다른 해결책도 있지요 ...."
모든 생쥐들이 이빨을 드러냈다.

사자는 이 난처한 상황에서 빠져나올
다른 방도가 없었으므로
결국 선거에 동의했고

생쥐들은 그를 풀어 주었다 ...

풀려난 사자는 육식 동물들을 모아 놓고
말하자면 선거운동을 열심히 벌였것다.

선거가 실시되자 숲속의 모든 짐승들은
그들이 그토록 원하던 상식과 균등한 책임에 바탕한
참된 평화를 이룩할 최초의 기회를 갖게 되었다.

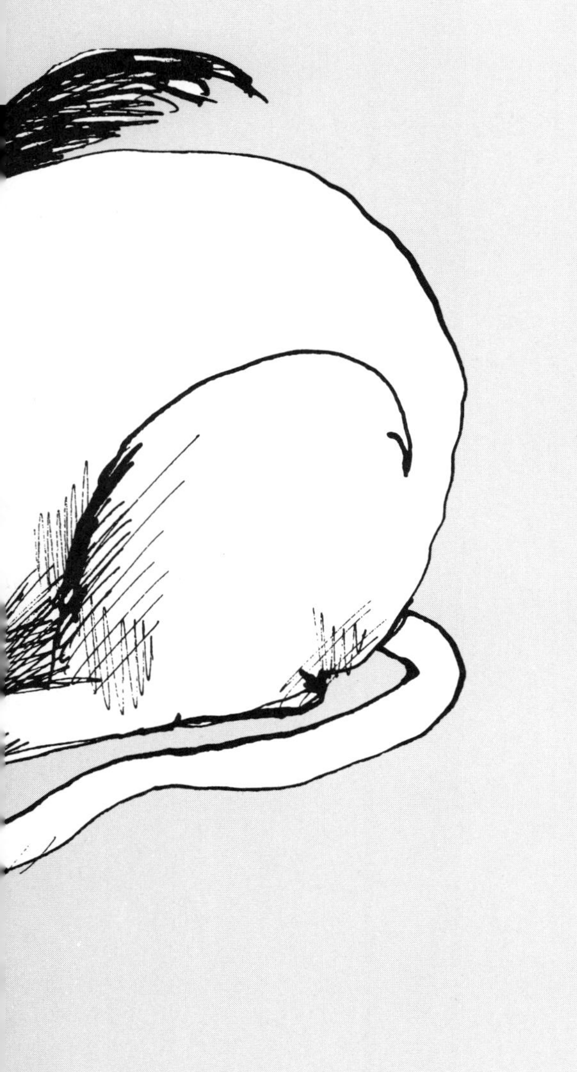

작은 새가
초대 대통령으로
뽑혔다.

민중의 의지가
평화를 유지했다.

작은 새는 현실주의자였다.
아프리카 꿀벌로 조직된 민병대가,
지난 날의 집권 세력이
다시 권력을 잡고자
어떤 시도를 할 경우
즉시 출동할 수 있도록
항시 준비 태세를 갖추고 있었다.

사자들도 결국은 온순해졌다.

여우와 까마귀

한 옛날에 …

까마귀 한 마리가
부리로 치즈를 물고 있었다.

교활한 여우가 치즈를 보고
까마귀에게 말하기를,
"참 좋은 치… 아니,
참 멋진 깃털이로구나 !
너는 목소리도 고울 테지 ?"

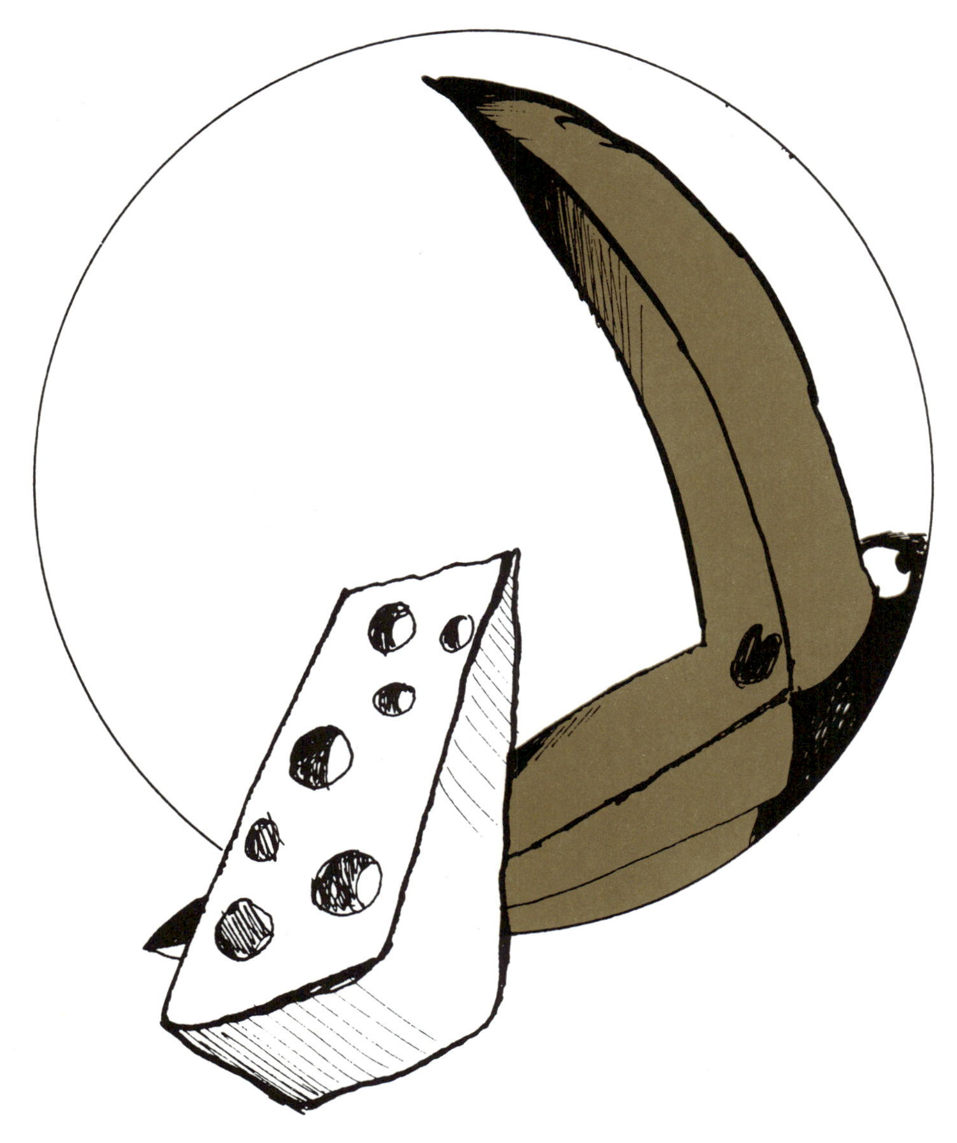

우쭐해진 까마귀가 노래를 시작했으니
치즈 조각은 어찌 됐겠나 ? …

… 아래에서 기다리고 있던
여우란 녀석 입 속으로 들어갔지.

노래가 끝나자 여우는 칭찬을 하는데
그런 아첨이 없다.
"훌륭하다, 훌륭해!
외국인들도 네 노래를 들으면
기절을 하겠구나. 이제 너는
명예·돈·성공의 방석에
앉은 셈이다!"

교활한 여우는
까마귀의 매니저가 되겠다고
자청을 했것다.

"그러자면 사방에다
너의 그 멋진 깃털을
견본으로 보내야 할 텐데 …"

"깃털 350 개면 우선 되겠지 …"

"…… 좋아, 이왕이면 한 800 개쯤 하자.
남는 건 언제든지 수출을 할 수 있으니까.
이제 곧 온 나라에 새 유행을 불러일으킬 거다."

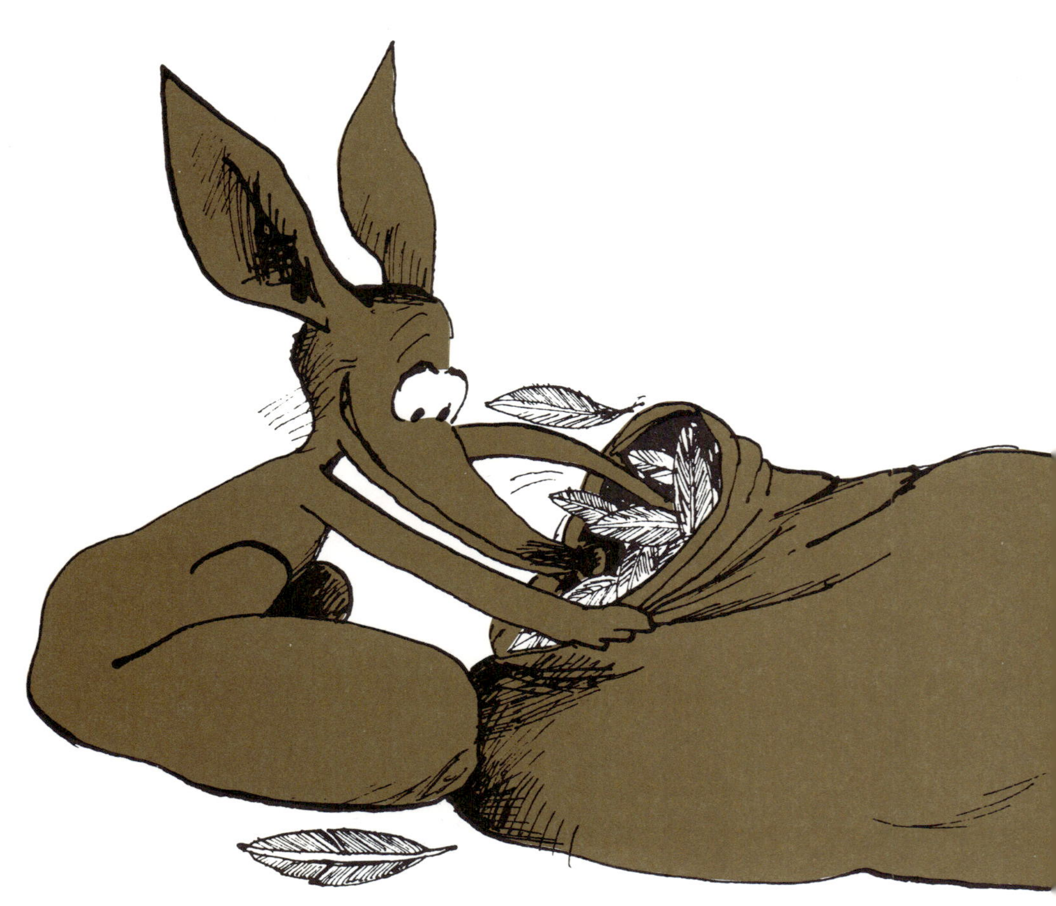

어이쳐

“어머나!
깃털이 하나도 남지 않았어!
감기 걸리겠다. 그러면
아름다운 목소리도 끝장이지.
내 깃털을 돌려다오!”

"염려 마, 깃털은 곧 다시 날 테니까,
내년이면 넌 새 멀떠구니를 갖게 될 거야."

“새 멀떠구니라구?
멀떠구니에서 무슨 깃털이 난단 말야!”

“이 일을 어쩐담?”

"넌 전설적인 의상을 입을 수 있게 됐어.
관광객들이 좋아할 게다！"

Claudius

Once upon a time...

Political fables

The wolf and the lamb

Once upon a time...
there was a very smart wolf who liked to eat sheep.

Now although sheep are quite harmless animals, there are still some risks in hunting them.

After pondering this for a while...
...the wolf came up with an idea.

One night he attacked the flock and took away a little lamb.

Through persuasion, force and brainwashing he taught this lamb to think of himself as a wolf.

Besides those theoretical lessons, the wolf also gave the lamb some practical instruction in how to hunt small animals.

After his training period was over, the lamb was sent on his first mission: to capture another lamb. No longer would the wolf have to run any risks when he was hungry. Everything would be taken care of by his representative.
When the lamb returned to the flock the other sheep were frightened by the smell of the wolf on him. But the shepherd noticed nothing amiss.

Night fell...
Everyone was sound asleep. All but one...

At dawn the traitor grabbed one of the other lambs and stole away before anyone noticed what had happened.

The wolf got his prey, happy that the plan had worked so well.

What he did not know was that his lamb had tasted blood...

...and loved it.

The king
(objective and subjective realities)

Once upon a time...
there was a lion who ruled over the forest. As the king of the beasts, his slogan was :
"Peace in this forest at any price."
He could not stand divergent opinions, and he hated the very idea of policy discussions in his realm.

But of course there were divergent opinions, because different animals have different interests.

For a while the lion tolerated a representative assembly, to which different animals were delegated. But their sessions were usually noisy and inconclusive; and when they did decide something, the king was rarely happy with it. So he finally decided to dissolve the assembly.
But since the lion had, in his heart of hearts, some sort of commitment to democracy, he decided to appoint advisors.

Alas, the political advisor spoke a different language from the social advisor, and neither of them could ever understand what the economic advisor was talking about. Unable to reconcile the advice they gave, the king dismissed them too.

What he really needed, the lion concluded after much thought, was a team of technocrats.

After all, they all spoke the same language.

And not only did they speak the same language, they also shared a passion for new technological gadgets...

...like computers.
Technocrats and computers turned out to be a happy combination, because technocrats are well trained to serve the System, and computers, of course, are created to give exactly the answers they are programmed to provide.
So the technocrats began to feed into the computer the model the king wanted to implement. All the data from the forest were adapted to the king's programme.

Faster and faster the printouts came – clear, neat, positive, reassuring – with exactly the answers the king wanted.

He, of course, was extremely pleased. Whatever doubts he had deep inside gradually disappeared.
For him, the technocrats' computer was a magic mirror, and he began to believe everything it told him :

that   the Gross National Product was growing at an unprecedented rate, that expansion was certain, that he was beautiful, that the future was brilliant.

There was just one small problem. As so often happens, much of the data which the technocrats had put into the computer had very little to do with cold, hard reality. And so, one day, as the king was walking around in his completely secure forest...

Progress

Once upon a time...
there was a little town in the tropics (or in a "poor country" or an "underdeveloped country" or a "developing country" – it all depends on what jargon you're used to).

This town produced everything its people needed. And so the time passed, and the people lived together happily. But one day...

...one day a little boy in that town asked his mother and father : "Why don't we have any *progress?*"

And his parents had to admit that they didn't know the answer.

When they began to look into it, they found out that their neighbours and their friends and relatives didn't know either. So they decided to call a special meeting of the citizens at City Hall. Everyone came, because by that time the little boy's question had become an obsession in the town.

"Ladies and Gentlemen," the mayor said, "You all know why we are here. And in order to save time, I've asked Dr Wiseman to tell us how we can achieve progress."

Dr Wiseman was the smartest man around. He owned many heavy books, wore thick spectacles and spoke a strange language no one could understand. Years of study had given his skin a pale-green colour. All of this led people to consider him as a harmless old fellow.
Dr Wiseman shuffled to the microphone and said : "In order to have progress, we must imitate the developed countries. Now although nobody knows exactly what progress is, my research in this area demonstrates that the one sure sign of progress is pollution."

The people agreed that there was no pollution in their town. The sky was blue, the air was clean, the water was pure. It was safe to fish and swim in the river. Crops were grown without pesticides, and animals were fed natural food without hormones added. Nobody needed or owned a car.
Obviously, the town lacked the elements needed to create pollution.

So the people started on their own initiative to bring pollution to their town. Demonstrations, fund-raising campaigns, taxes, contributions, bond sales – all were mobilized for *progress*.

Huge factories were built (with the owners receiving substantial tax breaks), all of them fully automated (well, *almost* fully automated – the owners themselves were not automats).

Modern, fully automated factories produce a lot and pollute a lot. So it wasn't long before the rivers had no more fish in them, and no one dared to swim any more. The vegetation started to die off, and then the animals, the birds, and even the insects.

The human population lasted a little longer. But it wasn't long until they were dying too : victims of hitherto unknown diseases.
But they died happy. They had set a new world record for progress.

The message

Once upon a time...
there was a tropical country. Like most tropical countries, this one was covered with beautiful forests. Rivers flowed, flowers grew, birds and butterflies and animals of all kinds thrived.
The people of this country were gentle folk, who enjoyed eating and drinking, singing and dancing and making love.

But like most tropical countries, this one had its natural resources gradually destroyed. Systematic deforestation, real estate speculation, large privately owned tracts and various government programmes all took their toll. The once-rich land ended up as a vast desert.

One day the king decided to cross the desert.
His aides warned him : "You can't do that, Your Majesty. Horses won't make it across the desert."

"What do you mean, I can't do that?" the king shouted. "If horses can't cross deserts, I decree that this desert is a field!"

And so they set out. But since calling a desert a field doesn't make it a field, the horses were soon at the point of total exhaustion.

But the king didn't give up, even though his own body was telling him that what he had decreed a field was still a desert. So he decreed that his horses should be camels.

But that didn't do any good either.

Moral

If you ruin something by degrees, you can't fix it by decrees.

The lion and the mouse

Once upon a time...

a lion was strolling through the forest when a little mouse scampered in front of him. Just for the fun of it, he grabbed the little creature.
"Oh, please, Your Majesty!" the mouse cried. "Don't eat me! I'm too small to be a threat to you – or to satisfy your appetite. And maybe someday I could even be of help to you."

"Help *me*, the king of the forest?" the lion laughed – and, *gulp*, he swallowed the little mouse.

The lion continued his walk. All at once he fell into a trap. The more he jumped and struggled and fought, the tighter the net closed him in. Exhausted, he finally gave up.
And then he remembered the little mouse, whose life he could – and *should* – have saved.

Another mouse suddenly appeared and explained to the lion that he had now fallen into the hands of the mice.

"Please take it easy." the lion said. "Remember our peaceful forest traditions, our Christian heritage, our consistent refusal of all forms of violence, our ethical principles. After all, we're all God's creatures, and preservation of life is very important."
(Especially *my* life, he thought to himself.)

"Oh, yes," the mouse replied. "We've heard all that rhetoric. But that won't do any more. We've learned that real peace demands equality and justice. We're calling for free elections."

–"Free elections?" said the lion. "With everyone voting?"
–"Everybody."
–"Including birds, mice, herbivores...?"
–"All of them and everyone else."
–"But then the carnivores won't win!"
–"Maybe so. But at least they'll lose *democratically*, Your Majesty!"

"Of course, if you don't agree," the mouse added, "there are other solutions..." And all the mice showed their teeth.
The lion, realizing that he had to salvage what he could out of this situation, agreed to elections.
The mice freed him...

Off went the lion to conspire – that is, to compaign – with the other carnivores.
When the election was held, the creatures of the forest had their first chance to express what they really wanted : a peace based on common understanding and shared responsibilities.

A small bird was elected the first president.

The will of the people maintained the peace.

But this small bird was a realist. A people's militia of African bees was ready for action in case there was any effort by the old power elite to regain control.
And so even the lions became gentle.

The fox and the crow

Once upon a time...
there was a crow with a piece of cheese in his beak.

A sly fox, seeing the cheese, said to the crow:
"What a fine chee –, I mean Mr Crow, what fine plumage! You must have a lovely voice!"

Flattered, the crow began to sing, and of course the cheese fell out of his beak...

...to the ground, where the fox swallowed it whole.

When the song was over, the fox applauded. "Such talent!" he exclaimed. "People overseas would fall at your feet if they heard you sing. Great things are in store for you – fame, money, success."
The clever fox proposed that he should be the crow's agent.

"Of course," the fox added, "for that I'll need some samples of your fine plumage to send around...

350 feathers should do it...

...well, let's say 800. I can always export whatever's left over, and that will bring hard currency into the country."

"Look! I don't have any feathers left! I'll catch a cold. I'll lose my beautiful voice. Give me my feathers back!"

"Don't worry, they'll grow back. Next

year you'll have a new crop."

"A new crop? Feathers don't grow in
crops!
What shall I do?"

"You can dress up in traditional cos-
tumes. The tourists will love it!"